Bruno Epple   Seesonntag

Zur freundlichen Erinnerung an meine Ausstellung in der Galerie zum Torhaus in Leutkirch Juli 1998 + Besuch in Wangen auf der Höri mit dem Galeriekreis

Bruno EPPLE

Seesonntag

*Bilder und Tagebuchblätter
von Bruno Epple*

*Herausgegeben
von Gisela Linder*

Verlag Robert Gessler
zusammen mit der
Amriswiler Bücherei

© 1988 Verlag Robert Gessler, Friedrichshafen
Alle Rechte vorbehalten, auch des auszugsweisen Nachdruckes
und der fotomechanischen Wiedergabe

Reproduktion: Autographia KG, Friedrichshafen
Satz und Druck: Robert Gessler GmbH & Co KG, Friedrichshafen
Bindearbeiten: Großbuchbinderei Moser, Weingarten
Printed in Germany

ISBN 3-922137-51-2

Zu diesem Buch

Bruno Epple ist Maler und Poet dazu. Seine Bilder und Texte sind angesiedelt am Bodensee. Sie spiegeln die Vision eines glücklichen Landstrichs. Die Bildsprache des Malers formuliert erlebte Wirklichkeit poetisch verklärt, und die klare Sprache des Dichters bannt bildhaft Geschautes, Gedachtes. Gestalten heißt für ihn, ob mit Farbe oder Wort, Eindrücke und Einsichten zu speichern und im Kunstwerk zu eigener Form zu verdichten. Abgeklärtes erscheint neu, zeitlos, tröstlich. Kunst reift Bruno Epple in der Abgeschiedenheit: ,,Manchmal komme ich mir in meinem Alleinsein verlassen vor. Das sind Stunden, die bitter schmecken. Dann male ich, als müßt ich mir eine neue Welt erschaffen, in der ich atmen kann – ausschließend alles, was verletzt, einladend das Zärtliche'' schrieb er im Juni 1983 ins Tagebuch. Er gibt damit sein Werkgeheimnis preis. Mit Wirklichkeitsflucht hat das nichts zu tun, wenn einer in einer lieblosen Welt kraft seiner Malerei eine Gegenwelt als Utopie sichtbar macht. Heute gehört mehr denn je seelische Kraft dazu, wachen, ja überwachen Blicks für die Wirklichkeit mit all ihren Gefährdungen, im Kunstwerk noch unversehrte Welt als Wunschbild zu erschaffen.
Epple-Gemälde der siebziger und achtziger Jahre sind von sonntäglicher Auf-

geräumtheit, atmen feiertägliche Ruhe. Zugeordnet sind ihnen Texte aus seinen Ateliertagebüchern der Jahre 1983 bis 1987: Der Titel „Seesonntag" bot sich an für diesen erstmals Buch gewordenen Zusammenklang von Bild und Wort des Malerpoeten. Werkstattmonologe sind zu Papier gebracht, die den Leser teilhaben lassen am Entstehungsprozeß von Bildern. Bekenntnisse sind das, die uns die Augen öffnen für Kunst und Künstlertum. Und unmerklich wird der Blick geschärft für einen noch genußreicheren Umgang mit der Malerei. Heiteres ist geboten, voll tieferer Bedeutung. Ein Künstler steht hier auf reizvolle Weise Rede und Antwort mit Pinsel und Schreibfeder. Er verwandelt die Bodenseelandschaft in einen paradiesischen Zustand zurück. Vielleicht bewirkt er damit mehr als mancher mit erhobenem Zeigefinger. Seine Bild gewordene Liebe zu einer anmutigen, alten Kulturlandschaft, zum internationalen Bodenseeraum, der seine Heimat ist, mag heilsame Denkhilfe leisten für künftigen Umgang mit einem ebenso gesegneten wie gefährdeten Landstrich. Diese Bild gewordene Liebe, die uns im Kunstwerk beglückt, mag die Ehrfurcht stärken vor dem Schönen! Epples See hat immer Saison. Der Maler liebt ihn im Winter nicht weniger als im Wonnemonat Mai. Sein Buch weckt freudiges Verständnis für Natur und Kunst, jenseits programmatischer Absicht.

Gisela Linder

Ich koste die Stille aus,
 sie wird mir kostbar.
Im Gehäuse der Einsamkeit
 erschließt sich mein Inneres.

Blick auf Mammern

Das Blumenmädchen

Ich saß im Sessel, blätterte lesevergessen in einem Buch, da überkam es mich: Ich sah ein Blumenmädchen hinter seinem Stand stehen, aber es wurde immer kleiner, indes Blumen und Blüten aus den Kübeln wuchsen, größer und fülliger wurden. Das Mädchen wird darin ertrinken oder selber eine Blüte werden. Ja, so soll es wirken.

Und davor, mit dem Rücken zum Betrachter, ganz der hohen Fülle der Blumen zugewandt, eine Frau, die den linken Arm hebt, eine Blume am Stiel faßt, um an der Blüte zu riechen. Ja, ihr zuströmen soll der volle Duft. Und vielleicht, rechts im Hintergrund, sie anblickend, ihr zuschauend, sie betrachtend (wer weiß, was sich beim Malen herausstellt) ein Mann, der ihre, ein Fremder, das wird sich zeigen oder auch nicht. Noch sind seine Konturen nicht klar, noch lasse ich die Blüten und Blumen und Blätter aus den Kübeln wachsen, bis sie mehr als die Hälfte des Bildes bedecken.

Noch rieselt es um mich, derweil ich aus der Stille meines Ateliers hinausschaue, kaum das Grün, das junge, der Büsche und Bäume jenseits des Weges hinterm Haus wahrnehmend, weil mir das innere Bild immer plastischer vor Augen tritt. Eine leise, niederflockende Heimsuchung. Da, ich erschrak fast: Im Rahmen meines Atelierfensters stand ein Hund. Moritz, der Appenzeller meines Nachbarn, lief hinten die leichte Steigung des Weges hoch, zeigte sich für vier, fünf Schritte lang in seiner schönen, gedrungenen Größe. Schwarz sein Fell und weißgefleckt und ein helles Braun.

Und verschwand hinterm Gartenzaun, lautlos wie gekommen. Und ich saß erschreckt da, nicht aufgestört, erschreckt, und ich hätte mich nicht gewundert, wenn mir's in die Beine gefahren wäre.

Und mein Bild, mein gerade sich mir offenbarendes Bild, das doch vor meinen Augen aufgetaucht war wie Aphrodite, die Schaumgeborene, gleich einer Verheißung, die mir so wunderbaren Blütenüberschwang versprach, weggewischt vor meinen Augen und nur noch in meiner Erinnerung. Jetzt male.

3. Mai 1983

Umduftet von Blumen

Angler im Boot

Ich habe ein neues Bild begonnen, das ich zur Vorbereitung schon einige Male mit weißdurchmischtem Coelinblau grundiert hatte:
Ein Angler im Boot. Schilf mit fließend-fliehenden Lanzenblättern soll links und rechts stehen und in das Boot hineinspielen. Das Boot in der Mitte, kühn von unten nach oben, wo das Wasser heller wird, von Wellenstrichen durchsilbert. Anfangs wollte ich es schräg ins Bild setzen, an einen Pfahl gebunden, den Angler stehend darin. Ach was, dachte ich, sei kühn, mach's großzügig und frech; laß es aufsteigen, setze den Angler hinein, geborgen wie in einer Mandorla. Aber ich werde das Boot nicht beim Indischrot lassen. Es soll mehr ins Schwarzbraun, in ein trockenes Asphaltbraun, das ist stiller, und der Angler ins Grau und Schwarz.

14. Mai 1983

Anglers
Geduld

Vorgefaßte Meinungen

Ich werde immer wieder und von allen möglichen Leuten gefragt, wie ich ein Bild gemalt habe, was mich bewegt und was ich erwogen habe. Als ob in der Genesis alles verankert liege und man nur diese zu kennen brauche, um auch das Bild richtig erfassen zu können! Im Grunde tragen solche Erklärungen wenig bei zur Charakterisierung und Wertung eines Bildes. Sie lenken eher ab.

Und was so manche an Vermutungen äußern, offenbart mir meistens, wie wenig sie in meinen Bildern sehen, wie beengt sie sind im Empfinden, wie beschränkt in ihren Worten.
Ja, mir kommt vieles, was sie sagen, vorgefaßt vor, so daß sie Heiteres da sehen, wo ich Trauriges zeige, Schwermut da entdecken, wo ich Freundliches darstelle. Mir kommt dann der Verdacht, daß sie nicht meine Bilder, sondern etwas von sich selbst in meinen Bildern entdecken, daß sie ein Stück ihrer eigenen Sehnsucht, ihres eigenen Sehens darin verwirklicht finden, daß sie vorgeben, mich darin zu erkennen – dabei finden sie sich darin wieder.

19. Mai 1983

Das fertige Bild ist mir fremd

Bei jedem Bild, das ich male, mache ich dieselbe Erfahrung: Mit optimistischem Elan, beflügelt von der inneren Vorstellung, fülle ich großzügig die Fläche — es ist gewissermaßen der Aushub beim Bau, die Grundlage.
Beim zweiten Übermalen werden die Konturen bestimmter, bisweilen ändere ich da und dort die Farbe, verändere die Formen — es ist noch ein Tasten.
Beim dritten Übermalen gerate ich in Unsicherheit: Was soll ich hinzufügen, was wegtun, soll ich bei der Farbe bleiben, die ich spontan eingesetzt habe? Inzwischen sieht das Bild sehr dürftig aus, als könne es sein Versprechen nicht einhalten.
Ich beginne zu zweifeln, ob es meiner Erwartung gerecht wird.
Beim vierten Übermalen geht es ans Detail: Es wird sauber hervorgeholt, liebevoll modelliert und farblich abgestuft.
Verwende ich nicht zu viel Zeit und Mühe, vielleicht wird doch alles mißlingen?
Ich kann das nicht beantworten. Also male ich weiter, bestärkt von der Erfahrung: Es wird, wie es wird, schon richtig; ich muß nur dabeibleiben. Es wächst wie von selbst heran, erzwingen läßt sich nichts mehr, gewaltsam verändern erst recht nicht. Laß es werden, wie es wird, und bleibe dabei und male mit Fleiß. Beim fünften Übermalen wird da und dort die Farbe satter, samtiger, delikater. Was bei der Arbeit verschmiert wurde, korrigiere ich. Da wird getupft, dort eine Kleinigkeit angefügt.
Jetzt beginnt es, mir zu gefallen. Die Farben klingen besser zusammen, als ich die Tage vorher glauben wollte. Jenes kühne Ultramarin etwa, das ich besser nicht genommen hätte, erweist sich als besonderer Reiz.
Ich werde es nicht mehr übermalen, im Gegenteil: Es ist mir unersetzlich geworden. Schließlich stecke ich wie zur Probe das Bild in einen Rahmen — da erfreut es mich. Nur wenig noch, lieber weniger als mehr, und es ist gelungen.
Ich lasse es sein.
Ist es wirklich gut?
Das kann ich erst viel später sagen, doch nie mit Gewißheit.
Fertig, ist es mir, trotz aller Intimität, fremd, als habe ich es nicht selber gemalt.

13. Juni 1983

Sonntags im Atelier

Sonntag, zehn Uhr. Durch die offene Tür des Ateliers kommt in leisen Zügen die Frische, kommen die vielen mir vertrauten Laute: Vögel mit Zwitschern, Piepsen, Gesirr aus der Fülle ihrer Baumwelt, aus der grünen Tiefe des Tobels herauf. Eine Henne schimpft gackernd im Stall. Ein unablässiges, streitsüchtiges, uneinsichtiges Gegacker um ihr Legenest, vor dem sie steht und in das sie aus irgend einem Grund nicht hineinhüpft.
Der Hahn kräht antwortend dazwischen, und schon beginnt ein Kräh- und Gackerdialog zwischen Hühnerstall und draußen, ein Dialog im raschen Wechsel von Ruf und Antwort.
Glockengeläut überm Land, von Öhningen herüber und übern See von Mammern her.
Vom Aspenhof herab ein dumpfes Kuhgemuh wie aus Tiefen der Angst. Ich höre den Zug vom anderen Ufer, höre das Summen eines Flugzeugs, höre heller ein Motorrad.

26. Juni 1983

Bukolische Höri

Zusammenspiel

Auf der Fahrt nach Engelberg, kurz vor Grafenort, kommen linkerhand die faltenreichen Hügel bis zur Straße. Die Morgensonne modelliert sie zu einer Vielfalt. Der Graspelz, den sie streift, leuchtet in sonntäglicher Helle; und ihr antworten die schattenvollen Falten der Pfade und Rippen und Abgründe. Ein wundervolles Zusammenspiel von Hell und Dunkel, ein bezauberndes frisches Grün. Das verdichtet sich zum Bild.

10. August 1983

Noch eins, fast hätte ich's vergessen: In Zürich, bei der Durchfahrt, sah ich einen Springbrunnen im Gegenlicht der Morgensonne. Aus mehreren Rohren kamen die Wasser, strahlten im Bogen hinaus, wuchsen zu einem Perlengezisch: Perlen tausendfach funkelten in der Sonne; helle, silberne Perlen wie einzeln hingetupft – in blitzraschem Aufgehen und Niederfallen, und doch wie stehend, eine Perlenstatue.
Wie verlockend das.
Und ich dachte: Das läßt sich malen:
das fließt und perlt und steht doch.
Stabilité au mouvement, und Frische und Glanz, ein Fest.

20. August 1983

Freudenfels

Überm Nebel

In der Frühe Blick aus dem Fenster: Das Seetal durchwallt von Nebel, darüber der wolkenlose, tiefe Äther, ein „klarer Gürtel blauer Luft", wie Mörike das nannte. In strahlender Einsamkeit der Morgenstern.

Zur Schule fuhr ich über Schienen. Auf halber Höhe den Blick hinab: Über dem See das Nebelgebrodel, davor die Silhouette der Bäume hangab abwechslungsreich gestuft. Auf dem Hintergrund des Nebels und über und zwischen den Baumgruppen Krähen: schwarze Akzente, die das wallende Weiß betonten.
Über dem Nebel ragte die gezackte Linie des Thurgauer Höhenrückens, eine blaue Kulisse. Und dahinter das goldflüssige Rot des erwachenden Tags in erhabener Keuschheit. Plötzlich zuckte die Sonne hervor.

19. September 1983

„Überm Nebel" wird wieder ganz anders als ich mir's vorgestellt habe. Die Berge an diesem Ufer sind von einem modellierten Eigenwillen, dem ich mich dreinfügen muß. Ihre Größe und Weite, das ist mir klar, wird entschieden durch die Bäume, die ich daraufpflanze; auch Ferne und Nähe werden damit bestimmt. Ein Baum wenigstens soll nach meiner ursprünglichen Absicht weit in den Himmel hineinragen.
Aber ich merke schon jetzt: Ich habe das Bild nicht mehr in der Hand. Die jenseitigen blauen Berge und das diesseitige Laubgrün, dazwischen das weiße Nebelgewölk – ob das alles paßt, kann ich nicht sagen.
Es mag sich arrangieren. Obwohl ich bergauf gefahren bin, um eine flüchtige Skizze zu machen, gerät das Bild nun ins Fantastische. Die Skizze ist inzwischen unbrauchbar geworden; sie ist mir kein Maßstab mehr.

3. April 1985

Überm Nebel

Eine Zuflucht

Anatole Jakovsky ist, wie ich aus der Zeitung erfahren mußte, am 21. September 74jährig gestorben. Er war mein großer Förderer. Er hat viel Gutes über meine Malerei geschrieben, ist für sie eingetreten und hat sie hoch bewertet. Das mochte die einen überzeugen, die anderen zum Widerspruch reizen.
Ich verdanke ihm viel, nicht nur Ermutigung, auch Einladungen zu bedeutenden Ausstellungen, Erwähnung in Katalogen, Beachtung.
Er war mir immer, wenn auch im Hintergrund, ein Schutz, einer, zu dem ich hätte Zuflucht nehmen können. Wieviele Maler hat er entdeckt, sie beflügelt; wievielen hat er die Augen geöffnet. Mehr fördernd als abwertend, mehr animierend als hemmend, unermüdlich und zugleich geduldig wie ein Gärtner, der um sich herum einen Garten naiver Malerei zum Blühen brachte. Daß die eine oder andere Blume bald verdorrte, ist nicht ihm anzurechnen; daß er manche Pflanze zu sehr lobte, spricht nicht gegen ihn. Er war ein Liebhaber, und wie ein solcher hellsichtig und auch blind. Er hatte ein weites Herz, war eifersüchtig und eifernd, bisweilen vielleicht auch voreingenommen. Aber was er bewirkte, war viel, fand weltweit Beachtung.

Schwan bei Nacht

In seinen Schriften zeigte sich sein Temperament: einerseits seine Liebeserklärungen an Maler, für die er sich begeistern konnte, andererseits seine Streitlust, mit der er sich mit Experten auseinandersetzte, die nicht erkennen wollten, was er beachtlich fand, und die seine Entscheidung nicht anerkannten.
Er hat mir viele Briefe geschrieben; sie sind mir kostbar – ich werde sie aufbewahren als Zeugnisse einer langen Freundschaft. Er hat wie kaum einer mein Schaffen begleitet.
Seinen schönen Kopf, immer wenn ich ihn wiedersah, dachte ich, den muß ich malen. In den letzten Jahren erlebte er schmerzlich, wie seine Sehkraft abnahm. Körperlich wurde er zusehends schwächer. Fast war zu befürchten, daß er die Eröffnung seines Museums in Nizza nicht mehr erleben werde – die Krönung seines Lebenswerks. Doch das machte ihn wieder agil, fast jung. Dieses Museum empfand er als seine größte Genugtuung.

26. September 1983

Blick über den See

Burg Hohenklingen

Fahrt nach Schaffhausen: Das ist für mich gleichbedeutend mit Pinsel kaufen, meine bevorzugten von Winsor & Newton, englische Pinsel, die ich in großer Menge brauche, Nummer 0 und 1, seit vielen Jahren. Manchmal bilde ich mir ein, daß ich ohne sie nicht mehr malen könnte, so sehr sind sie meiner Hand angepaßt, meinem Pinselstrich angemessen.
Auch Keilrahmen lasse ich dort bespannen – AC 66 heißt die Leinwand bester Qualität.

Von Schaffhausen nach Stein, das ist eine schöne Strecke, die mein Herz berührt. Paradies: einer Oase gleich, mit dem noblen Park, dem Blick zum Rhein; ein beschauliches Abseits, zu dem der Weg mit der Pappelreihe hinführt.

Katharinental: immer eine Möglichkeit, das heißt abbiegen am Rhein entlang. Ich denke an Seuse, an die Innigkeit der Christus-Johannes-Gruppe. Da weht Frühling der Mystik mich an.
Die Nikolauskapelle Obergailingen: dort wohnen können.

Und der Rhein, der herabkommt im breiten Bogen; der Wald, der sich darin spiegelt, macht ihn noch tiefer. Dieser Bogen, von Gailingen gesehen, mit den dahinwandelnden Bäumen – hinabwallender Wald und Fluß, wie gern möchte ich das malen. Keusch und geheimnisvoll ist dieser Bereich; der Fluß bringt das Morgenlicht ...
Weiter oben schweift der Blick zu den Hegaubergen, zum Rosenegg und Hohentwiel und dann gradaus zum Wolkenstein und in der Verlängerung zum Hohenklingen: die Burg wie ein Kristall.

21. Oktober 1983

Hohenklingen

Farben kaufen

Ich war in Konstanz Farben kaufen: Chromgelb mittel, Echt-Hochrot, das teuere Kadmiumrot hell und – auf Vorrat – eine dicke Tube Titanweiß.
Nun male ich seit fast dreißig Jahren und muß sagen, daß mir die Farbnamen immer noch fremd sind: aufgeklebt auf der Tube, aber nicht deckungsgleich mit der Farbe, mit Ausnahme meines geliebten Kobaltblau, wo mir Farbe und Name gleichbedeutend sind, oder das Echtgrün oliv, das ich mit dem Namen sogleich vor Augen habe. Ich weiß auch, daß ich Zinnobergrün dunkel mit Rubinlack dunkel und Titanweiß mischen muß, um das schönste Violett zu erhalten. Aber beim Rubinlack muß ich doch zuerst den Deckel von der Tube schrauben, um gewiß zu sein, die richtige Farbe zu haben und nicht etwa Alizarin-Krapplack dunkel. Alles andere erkenne ich erst, wenn ich die Farben auf dem weißen Porzellanteller habe, sie fast immer mit Titanweiß mischend.
Kurz, die Namen sagen mir so gut wie nichts. Ich muß die Farbe sehen und komme mir vor wie ein Musiker, der mehr (oder fast ausschießlich) nach dem Gehör spielt, weil er die Noten nicht mit den Tönen in Einklang bringen kann. Selbst so einfache Unterscheidungen wie die zwischen Preußischblau und Pariserblau, die jeder Schüler im Kopf haben muß, sind mir unvertraut geblieben; so daß ich beide Farben erst auf den Teller drücke und mich dann entscheide.

Vielleicht hängt meine Palette von den Farben ab, die ich gerade zur Verfügung habe. Titanweiß brauche ich immer, gern habe ich noch Lampenschwarz – irgend ein Rot, ein Grün, ein Blau, ein Gelb dazu, das könnte für mich ausreichen, ein Bild zu malen.

Straßenteerer

Vom Mischen verstehe ich, theoretisch, so gut wie nichts; doch mische ich ständig, und da ergibt sich fast immer, was ich brauchen kann. Unmöglich wäre mir, bei einem Bild auf Anhieb zu bestimmen, aus welchen Mischungen die Farben zusammengesetzt sind. Müßte ich eine Stelle ausbessern, so gäb's ein langes Ausprobieren, mehr nach dem Instinkt als aus Kenntnis.

Völlig hilflos bin ich, sollte ich in der Landschaft draußen die Farben bestimmen. Das Gras – ist es Kadmiumgrün oder mehr Zinnobergrün oder Chromoxydgrün oder Kobaltgrün, ich wüßte es nicht; wüßte von allem nichts, weder vom Blau des Himmels noch vom Braun eines Holzhages noch von der Farbe eines Hauses. Dabei fällt mir ein, daß auch Kunsthistoriker und -kritiker bei ihren Bildbeschreibungen so gut wie nie exakte Farbnamen nennen; vielmehr nur den Aufbau erklären und sich über Inhalt und Aussage verbreiten, als habe die Qualität der Farbe nicht auch ihre Bedeutung. Das stärkt meinen Verdacht, daß ihnen grundlegende Kenntnisse, über die jeder Restaurator verfügen muß, fehlen.

Auch wenn ich Farben nicht namentlich bestimmen kann, sind sie mir doch ganz wichtig: Ich höre ihren Klang. Vielleicht sollte ich darangehen, ihren Wert, den sie für mich haben, gelegentlich zu notieren.

26. Oktober 1983

Bodensee-
Äpfel

Stundenlang sitze ich, allein, beim Malen.
Wie viele Stunden es solchen Alleinseins
bedarf, bis ein Bild entstanden ist –
eines unter Hunderten.
Gedanken durchfließen mich, kommen und
gehen oft spurlos.
Manche belästigen mich – es sind die bösen,
sie stecken mit Widerhaken in mir. Andere
belasten mich – es sind die leidvollen,
die sich verknoten.
Und ich pinsle, als könnte ich mich
freimalen.
Manchmal komme ich mir in meinem
Alleinsein verlassen vor: das sind Stunden,
die bitter schmecken. Dann male ich, als
müßte ich mir eine neue Welt schaffen,
in der ich atmen kann – ausschließend
alles, was verletzt, einladend das Zärtliche.

*Angler
an der Mole*

Kadmiumgrün versucht mich

Es versucht mich, das Kadmiumgrün versucht mich, eine große Leinwand damit vollzumalen, einen Berg voll Grün, einen elefantösen Berg voll von diesem Grün, das hell wird auf Kuppen und Kämmen, hell auf Erhebungen, die wie Weichteile daliegen; und dunkel an Schattenseiten, langsam in Grüfte und Gründe hineinmodelliert, bis es wieder in sanftem Bogen in Helligkeit erwacht. Grünhaut, grüner Pelz auf einem Urwelthügel – ein sattes, ein samtenes, ein aus Tiefen heraufgrünendes Grün, ein aus grünem Schoß sich entladendes Grün; ein schwangeres Grün und zugleich ein Grün wie Geburtsfreudenschrei. Berg voll Grün, besoffen und torkelnd, im Grün stapfend, Grün umarmend, Grün gurgelnd, Grün lachend und schreiend.

Ein großes Bild, ein riesiges Bild mit einem riesigen grünen Berg, der den Rahmen zu sprengen droht, und nur ein bißchen Himmel, ein schmaler Spalt, der dem Ungetüm gerade noch Luft läßt – atemberaubendes Bild, gerade an der Grenze, daß der Betrachter nicht in Ohnmacht fällt.

1. November 1983

Blick aus dem Wald

Veruntreute Freundschaft

Einige Tage nicht gemalt – mir kommt vor, es seien Wochen. Die halbfertigen Bilder im Atelier schauen mich beleidigt an, als wollten sie sagen: Was willst du noch, wir haben uns mit dem, was wir sind, längst abgefunden. Nach außen hin haben wir unser Versprechen noch nicht erfüllt: Wir sind unter einer großen Idee geboren und diese tragen wir in uns, auch wenn du es selber nicht mehr merkst. Wir zweifeln, ob du noch Zuneigung genug hast, uns zu dem Ansehen zu verhelfen, das uns zustünde. Viel zu lange hast du uns hängen lassen. Es tut nicht gut, uns so zu vernachlässigen – auch dir nicht. Die Ratlosigkeit steht dir im Gesicht geschrieben, du weißt selbst nicht mehr, wie du uns haben möchtest, so fremd sind wir dir geworden, du uns. Die Pinsel haben alle Geschmeidigkeit verloren; ausgetrocknet oder terpentinölverklebt liegen sie im Teller, die Farbentuben in den Schachteln – eine veruntreute Freundschaft.

10. Dezember 1983

Januartag am See

Rosa im Schnee

Zwei kleinere Mädchen kommen den verschneiten Weg herab und ziehen einen Schlitten hinter sich her. Das eine Mädchen mit rosa Strümpfen und einer Kniebundhose in einem leicht violetten Rosa – ich hätte schreien können vor Entzücken: dieses Rosa im Schnee, welch herausfordernde Munterkeit!

25. Januar 1984

*Schau
mal her*

Das ist wichtig, daß mein Malen nicht
tagelangen Unterbruch erfährt.
Im Schatten bleiben: dann malt es sich wie
von selber, es geht voran, es wächst, das
Bild wächst zu, wächst mir zu.
Ich werde ohne Anstrengung kühner,
werde unbedenklich, mit der Sicherheit
eines Traumwandlers.

Meersburg

Leda

Es überfiel mich wie Schneefall: Weiß, ein blühendes Weiß, das zum Schwan wurde, der mit erhobenen Flügeln die nackte Leda umarmt, die am Ufer gerade noch im Wasser steht. Das ist alles, aber das ist's. Rasch skizzierte ich die Vorstellung auf einem Blatt Papier, und rasch füllte ich mit breitem Pinsel eine Leinwand 60 × 50. Das Bild zeigt sich bereits in dämmernden Konturen. Wenn in einigen Tagen die Farbe trocken ist, kann ich das Bild herausmodellieren.

20. Januar 1984

Ich pinsle an der Leda, der Schwan erhält seine zweite Schicht, lauter Striche für das Federkleid, der Körper der Leda wird umgrenzt, das Gesicht soll noch offen bleiben. Das Bild sieht mehr nach Verzweiflung als nach Hoffnung aus. Aber ich weiß, das darf mich nicht beirren, ich muß mit Fleiß weitermalen – wie ein Gärtner, der in seinem verunkrauteten Garten steht, Zentimeter um Zentimeter sich vorarbeitend, ohne ein Ende abzusehen. Irgendwann gewinne ich, wenn ich nicht aufgebe, Oberhand. Im Augenblick sieht alles schlimm aus, mit jedem Strich scheine ich die Idee mehr und mehr in Frage zu stellen. Das ist wahrlich keine freudige Zeit.

27. Januar 1984

Beim linken Flügel die dritte Übermalung – er gewinnt an Dichte und Federflaumigkeit.
Es bedarf wohl fünf Schichten.

1. Februar 1984

Leda

Ich bin wieder auf dem Seil ohne Netz: Wie wird's mit der „Leda" weitergehen? Der Schwan hat sein weißes Gefieder, es ist von lebendiger Zartheit. Das Blau des Wassers ist von weißen Strichen und Punkten bewegt, die erste Schicht, auf die ich eine zweite, dritte legen werde, bis es gischt und schäumt. Das ist nur eine Frage der Sorgfalt und Zeit. Aber das Ufer und der Hintergrund — der Hintergrund, von dem die Schwanenschwingen nur wenig sehen lassen, und der gerade deshalb, weil er so geringfügig zu sein scheint, richtig sein muß, gegliedert und reich: wie ihn ausfüllen? Jetzt ist er noch schwarzgrün (und die Farbe will und will nicht trocknen), aber wie und wie groß male ich die Bäume, wie die Blätter, und was außer ihnen kommt hinzu? Den Himmel möchte ich hereinschauen lassen, er soll Weite und Tiefe und Helligkeit ins Bild bringen, aber wie das verwirklichen? Ich weiß nicht und fange an zu zweifeln, daß es sich von selbst richtig und im richtigen Augenblick ergeben wird. Planen kann ich es nicht, das allein ist mir klar, und erzwingen erst recht nicht. Ungesichert allum: ich male ins Ungewisse. Keiner kann mir da raten, ich mir auch nicht. Auf schwankendem Seil gehe ich weiter. Wie leicht kann ich abstürzen. Dann ist meine ganze Mühe verdorben.

12. Februar 1984

Das Wasser, aus dem der Schwan sich aufrichtet, wird immer perliger, Wellen schließen sich zusammen, laufen gegeneinander.
Als ich das Bild von weitem betrachte, erfüllt mich wieder Lust am Weiß und Kobaltblau. Wie frisch das Bild wirkt. Der weiße, nur leicht getönte Körper der „Leda" ist von begehrenswerter Unschuld. Die Haut ist ein Weiß, in das ich Rubinlack dunkel und Zinnobergrün dunkel mische: eine sanfte Tönung von zarter Kühle.

Die Wolken am Himmel, das flatternde Haar, die Gischt des Wassers, der Flügelschwung des Schwans — das gibt dem Bild, trotz der Stille, eine flutende Bewegung. Ich möchte wieder mehr Bilder von dieser Frische und Helligkeit und Kühle malen, jenes Erwachen unter der rhododaktylos Eos, jene Verheißung, die das Weiß mit dem Blau anstimmt.
Ich habe Sehnsucht nach dem Duft der Renaissance.

14. Februar 1984

Ich habe es riskiert: Die Bäume stehen. Auf der linken Seite bereits mit dem Laub. Unten der Wiesengrund bis ins Wasser, heller werdend zum Ufer hin.
Die Bäume in Schwarzgrün, die linke Seite hell; das gibt ihnen Kontur.
Das Bild freut mich immer mehr. Noch besteht es aus Weiß, Blau, Schwarzgrün. Die Haare der ,,Leda'' werden gelb, der rote Schnabel des Schwans gibt den Akzent. Das Bild hat seinen Charakter offenbart, hat etwas vom Erwachen. Es wirkt frisch und ist von kühler Ekstase.
Was ich in den nächsten Tagen zu malen habe, ist so gut wie sicher. Es handelt sich um die notwendige Ergänzung.

15. Februar 1984

Geträumtes Wiedersehen

Kein Schlaf ohne Träume, beglückende oft; und deshalb vertraue ich mich gern dem Schlaf an.
Wie viel ich in den Träumen unterwegs bin, in Frankreich vor allem: Heute Nacht war ich in Reims als einer, der nach langer Zeit wiederkommt, wiedersehend eine Stadt, die sich ihm neu offenbart, als sehe er sie zum erstenmal. Und doch mit der inneren Sicherheit: Hier war ich schon.
Reims war wie aufgetaucht aus einer grünen Woge von Bäumen und Büschen. Fassade und Architektur der Häuser waren reichhaltig, wie Paläste. Über ihnen ragte die Kathedrale heraus, aber sie glich nicht der von Reims, sie war vielmehr nur der Typ einer Kathedrale, überirdisch schön in ihrer Erscheinung.
Mich durchwallte beim Anblick der Stadt ein Glücksgefühl, stärker als bloße Wiedersehensfreude. Aber das Bild der Stadt könnte ich nicht nachzeichnen, es ist wie aufgelöst. Nur die Erinnerung, daß ich sie gesehen habe, ist da.

Katze im Baum

Gegen Morgen träumte ich, wie mich der Wunsch beseelte, mit dem Fahrrad nach München zu fahren, über Wangen im Allgäu. Und auch diese kleine Stadt stand vom Verlangen wie hingezaubert vor meinen Augen als eine schöne, reichgestaltete Einheit – und Sehnsucht, in diese Stadt zu fahren und dort zu verweilen, schmolz zusammen mit der Beglückung, schon dort zu sein.
Kürzlich sah ich eine Stadt wieder, die hätte Giotto gemalt haben können. Über Wiesen voll von Bächen und Bäumen erhob sie sich und zeigte sich in ihrer Silhouette, ganz still, mit viel Weiß und Rosa.
Ich konnte dann in eine Straßenflucht schauen: Rechts über den Ziegeldächern ragte ein romanischer Kirchturm heraus, links im Hintergrund desgleichen ein Kirchturm. Ich hatte großes Verlangen, beide Kirchen aufzusuchen und anzuschauen – sie wiederzusehen; denn tief im Innern war ein sicheres Gefühl, daß ich sie in früheren Zeiten gesehen hatte und jetzt freudig heimkehre.

Immer zeigen sich diese Städte still, wie gemalt, nie in moderner, sondern in eher mittelalterlicher Architektur. So sehr mich ihr Anblick beglückt, es wäre mir unmöglich, sie nachzuzeichnen, allenfalls einen Gesamteindruck zu beschreiben. Ich kann sie einigermaßen orten, könnte sie auch zeitlich ansiedln zwischen Giotto und der Renaissance, vielleicht auch ins Stundenbuch des Duc de Berry; aber im Traum kommen sie mir gegenwärtig vor, heutig.

Mein Wunsch, sie zu malen, wird unerfüllt bleiben. Aber sie sind in mir. Dann und wann tauchen sie in meinen Träumen auf als Erscheinungen, die mich tief beglücken.

Ich habe die Vermutung, daß die Fahrten mit dem Rad, die ich als Zwanzigjähriger unternommen habe, sich tiefer und märchenhafter eingeprägt haben, als mir bewußt ist. Voll freudigen Drangs fuhr ich damals in die Welt hinaus, hinein, in angstlosem Vertrauen alles eratmend, erblickend, erlebend. Und manchmal, wenn ich im Traum das Gefühl des Wiedersehens habe, dann ist mir, als seien es gerade diese Jahre gewesen, in denen ich so viel mit dem Rad unterwegs und zum erstenmal an dem geträumten Ort war.

10. Februar 1984

Die Ungewißheit aushalten.
In die Leere hineinmalen voll Hoffnung,
daß etwas, aus hundert Pinselstrichen,
Gestalt annimmt.

Ich habe nicht die Aufgabe, etwas
zu bewältigen, sondern zu entdecken;
nicht zu machen, sondern werden
zu lassen.

Es werden lassen, und was werden will,
machen. Das ist meine Kunst.

Ich muß Hand anlegen, aber ich habe
es nicht in der Hand.

Mein Ergebnis: wie sich's glücklich
ergeben hat.

Des Pinsels Eleganz ist seine Geschmeidigkeit

Wieviel Zärtlichkeit und Melancholie male ich in ein Bild – wer mag's erwägen.
Ein Pinsel ist schon an sich eine Zärtlichkeit: zart und einfühlsam, kaum spürbar und doch sich einschmiegend in jede Feinheit. Er hat etwas von einer Katze, so samthaarig schnurrt er, und ist in seiner Hingabe ganz eigen. Er hat, wenn er gut ist, Charakter.
Er ist vom Marder oder Dachs, hat Füchsisches an sich, etwas von der Rute des Iltis, der durch Gehege schlüpft, vorsichtig und flugs. Ein Pinsel ist erotisch wie Wimpernschlag über liebendem Auge.
Der Maler, der seine Geliebte mit seinen feinsten Pinseln bemalt – höchste Kunst und Lust des Streichelns, die ausdenkbar ist.
Und es ist nicht allein der Pinsel. Er lebt erst mit der Farbe, die er aufnimmt, mit der er eins wird. Farbe wird durch ihn lebendig, glatt oder weich oder stumpf oder sämig oder samten oder rauh. Er mischt und vermengt, verbindet und vereint: Er vermählt verschiedene, ja gegensätzliche Farben zu einem höheren Glück.
Nein, er ist nicht wie ein Lappen, der nur verwischt. Keine Bürste, die ruppig beherrscht.
Er ist feinfühlig, feinsinnig, er schmiegt sich ein.

Die Verlockung

Der Pinsel ist ein Liebhaber der Farbe: wie er sie sich zu eigen macht – in wunderschöner Hingabe. Und wie er, in der Hand des Malers, zum zärtlichsten Instrument wird. Wie er streichelt und strichelt, wie er küssend verweilt, hüpft und tupft, wie er versonnen sich verausgabt, wie er zupackt, deckt, wühlt und sich einfühlt, wie er über die Leinwand wildert, huscht, wie er kitzelt und spitzelt, wie er breit und ausladend lacht und flugs dahinfegt.
Welche Geliebte erfährt leibhaftig an Zärtlichkeiten, so voll träumerischer und wilder Hingabe wie sie der Maler seinem Bild tausendfach schenkt?
Der Pinsel, verwachsen mit der Hand, wird mir, was dem Vogel die Flügel sind. Er macht sich selbständig, malt wie von selber fort – mir ist, als brauche ich nur noch zuzuschauen.
Wie abhängig ich von ihm bin, von seinem Charakter und seiner Güte. Mit der Zeit nimmt er ab, er wird dünner und spitzer; da kann er noch das Feinste leisten.
Aber dann wird er schwach, die Haare lahmen, das eine und andere steht ab, macht nicht mehr mit. Das ist sein Ende. Er hat keine Kraft mehr, und mit der Kraft verliert er allen Glanz. Er hat sich ausgelebt.

9. April 1984

Die Schöne im Boot

Frauenberg

Zum Frauenberg, über den Bodenwald. Wann war ich zum letzten Mal dort? Das Bild meiner Erinnerung stammt aus der Jugendzeit. Die Wege in der Erinnerung sind kürzer, gedrängter, der Wald voller. Wo nur sind die alten dicken, ästereichen Buchen, die den steilen Hang heraufwuchsen und in deren Kronen ich hineinschauen konnte?
Statt dessen kahle Abhänge. Viel hat die Zeit gelichtet. Schwindeltief unten liegt Bodman mit dem Kirchturm, der See grausilbern, dahinter der Höhenzug am andern Ufer. Ich will die Einzelheiten des Schlosses wissen, skizziere also vom Weg aus, der hinführt, die hintere Giebelfront mit dem Turm und den Fenstern der Kapelle. Sonst lasse ich alles offen. Ich habe gleich gemerkt, daß ich die fotografische Wirklichkeit nicht in Einklang bringen kann mit meinem Innenbild, das mir wie eine Vision ist: die Tiefe durchblaut vom See, die Buchen in Silbergrau von geheimnisvoller Macht, und das Schloß ein leuchtendes Weiß. Nun steht es im schmutzigen Graugelb da.

Diese steilen Hänge. Ein Gefühl beflügelt mich, als sei ich ein Vogel, der über Baumwipfeln kreist. Wie licht der See ist! Diese gleißende Fläche, an deren Rand die bewaldeten Berge auftauchen wie pelzige Ungeheuer. Könnte ich eine Ahnung nur von meiner Vorstellung zum Bild machen, ich wär zufrieden.

17. April 1984

Mit dem „Frauenberg" begonnen. Die ganze Fläche gefüllt, ohne Unterbrechung, gleichsam in einem Zug – ich bin noch fast außer Atem, so konzentriert und selbstvergessen zugleich habe ich gemalt.
Neben mir lag die Bleistiftskizze, die ich kürzlich an Ort und Stelle angefertigt hatte; aber ich brauchte sie nicht. Das Bild entstand wie von selbst, und zwar von oben nach unten.
Ich begann mit der Dachspitze des Schlosses, die ich hoch hinauf setzte, malte die Giebeltreppen links und rechts gleichmäßig hinab – sieben Stufen, verlängerte den

Frauenberg

Bau nach unten, setzte seitlich den Turm an, und das alles mit schwarzvermischtem Goldocker, nahm den breiteren Pinsel und malte mit dunklerem Braun den steilen Berg hinab.

Der richtete sich auf wie ein Kegel mit dem Schloß als Spitze. Den Weg hinauf machte ich heller, so daß bereits die Struktur des Berges sichtbar wird.

Ursprünglich war ich enttäuscht, daß das Schloß in Wirklichkeit nicht weiß ist, wie es meiner Vorstellung entsprochen hätte, sondern graubraun. Nun hat sich in mir eine andere Vorstellung ergeben: Das Schloß soll aus dem dunklen Berg hervorwachsen wie ein Kristall.

Anschließend nahm ich Kobaltblau, malte mit breitem Pinsel die Fläche des Sees, darüber mit Weiß aufgehellt den Himmel. Bei den nächsten Übermalungen kann ich ans Abstufen gehen.

Alles sitzt richtig und kühn. Ich kann mir bereits vorstellen, wie ich in den nächsten Tagen den Berg modelliere und dann die Bäume hochwachsen lasse. Und wie durch das tausendfache Filigran der Äste der See in seiner Bläue heraufleuchtet.

Mir ist, als beginne das Bild mir alles weitere zu diktieren, als habe ich nur noch seiner Weisung zu folgen, zu offenbaren, was in ihm steckt.

28. April 1984

,,Frauenberg'': Die vierte Übermalung von See und Himmel, das ist, wenn auch dünnflüssig aufgepinselt, das mindeste, damit das Blau seiden wird. Wahrscheinlich gehe ich nochmals drüber, immer darauf achtend, daß die Textur der Leinwand spürbar bleibt, die feinste Leinwand, die ich bekommen kann – ich liebe ihre sanfte Rauhheit. Mit dem breiten Pinsel eine Fläche bemalen, dabei die Farbe schön abtönen in kaum merklichen Übergängen, das ist mir ein Vergnügen. Das ist von einer behaglichen Zärtlichkeit.

7. Mai 1984

Waldweg

Anerkennung

Wir sind die, die wir sind, und die, für die wir gehalten werden; und allzu oft sind wir in Gefahr, unser Selbst zu verraten, wenn wir auf das Bild schielen, das andere von uns machen, anstatt darauf zu achten, wer wir sind. (Der Heilige würde korrigierend sagen: Wer wir in den Augen Gottes sind.)

Der Künstler ist in einer besonderen Gefahr, seine Anerkennung zu wichtig zu nehmen; so daß er die Anerkennung zum Maßstab seiner Kunst macht. Als ob diese seiner Kunst etwas zugeben oder wegnehmen könnte. Als ob der Wert seiner Kunst nur in dem bestünde, was ihr zugebilligt wird – ihr eingeredet oder abgesprochen. Dabei kann er immer wieder die Erfahrung machen, daß kaum einer seine Kunst so sieht wie er selbst. Er also immer Mißverständnissen sich ausgesetzt sieht, ob in Lob oder Ablehnung. Dieses Mißverständnis muß er aushalten lernen. Und darum wissen, daß zu Unrecht verkannt besser ist als zu Unrecht gelobt. Solcher Schein müßte ihm unerträglich sein, denn da wird ihm mit falscher Münze heimgezahlt, und er sollte noch Dankbarkeit heucheln.

5. Juni 1984

Fischreiher

Ordnung im Kleinen

Einige Stunden malen, und das Atelier wurde wieder zum Gehäuse, meine Welt rundete sich wieder, ich saß in der Ruhe, aus der das erwuchs, was ich Ordnung nenne. Es sind ja nur einige Quadratzentimeter, das Bild hat das minimale Format von 21 × 21 cm, aber da in Geduld und Sorgfalt Baumblatt um Baumblatt setzen, das ist ein Tun, von dem so etwas wie ordnende Kraft ausgeht: das Bild wird zum Kraftfeld.
Und diese Ordnung im Kleinen wirkt sich aus auf mich, alle Zerstreuung sammelt sich, hier gewinne ich Übersicht oder wenigstens einen ruhigen Blick. Das Bild wächst mir entgegen.

12. Juli 1984

Gelbe Birnen

Wir zeigen das Glück

Eröffnung der Olympischen Spiele in Los Angeles. Im Fernsehen schaute ich eine Weile den vielen Formationen von Tänzern und Musikern zu, die das grüne Feld füllten und in immer neuen Variationen auseinandergingen und zusammenstrebten und so Symbole und Bilder spielend inszenierten. Masse und Einzelner. Die Nahaufnahmen zeigten junge Leute in ihrer Begeisterung und Frische: jeder gleichsam die Verkörperung der Lebensfreude. Tanzend drücken sie sich aus. Wie anders ist, dachte ich, das mit der Malerei. Da hocke ich am Tisch, aber meine Hand, die malt, ist nicht Rhythmus, mein Pinsel, der über die Leinwand streicht, vollführt keinen Tanz. Die Schönheit und den Glanz der Freude kann ich allenfalls malen – diese jungen Tänzer aber verkörpern sie, mit Leib und Seele, nicht nur darstellend, sondern, erfüllt von Begeisterung, in ihr aufgehend.

Wir Maler und Dichter stellen dar. Wir sind Preiser und Interpreten, Entlarver oder Anzeiger. Unsere Kunst ist nicht, zu essen und zu trinken und uns dem Genuß hinzugeben, sondern den Genießenden zu malen, zu beschreiben und ihn im Bild festzumachen. Oder: nicht wir selber sind Heilige, sondern wir malen sie. Wir leben nicht das Glück, sondern zeigen es – vermittelnd durch Wort oder Bild. Und dieses, Wort oder Bild, ist dann außerhalb von uns, losgelöst, selbständig. Da mag es seine Wirkung haben, wenn einer sich daran entzündet und begeistert.

Ich kann mir gut die geheime Klage des Komponisten vorstellen, der die Musik in Noten setzt und Tonwelten fixiert, aber nicht selber singt, nicht selber spielt und im Klang aufgeht; daß er allenfalls arrangiert, aber nicht selber tanzt. Er verkörpert nicht, sondern vermittelt; er ist nicht das Bild, sondern der Bildner.

Der Schöpfer: Welche Distanz zum Geschaffenen er hat, trotz aller Nähe! Das Geschaffene ist, obwohl ganz persönlicher Ausdruck, nicht er selber. Ich möchte vermuten, daß – theologisch gesehen – diese Distanz zwischen Gott als Schöpfer und dem Geschaffenen nicht besteht, daß vielmehr eine andere Sicht notwendig ist: die Schöpfung als Selbstoffenbarung Gottes, als Selbstäußerung, höchste Selbstdarstellung, wo er auf milliardenfache Weise sich selbst ist und sich selbst beschaut.

Nikolaus Cusanus hat, wie ich mich erinnere, darauf hingewiesen in seinem ,,De non aliud'' und im ,,Possest''. Gott Schöpfer als einer, der losgelöst von seiner Schöpfung gewissermaßen auf dem Corcovado sitzt und von oben herab alles betrachtet – mit Wohlgefallen oder zornig, je nach den Launen, die wir ihm zumuten, das ist eine schiefe Vorstellung. Es ist, ohne einem flachen Pantheismus zu folgen, eine tiefere Innigkeit zwischen Schöpfer und Schöpfung zu erahnen, als wir vermögen. Und daß er sich in der Schöpfung selber liebt, macht Gottes Liebe aus.

29. Juli 1984

So ist es, meine ich, mit mir:
Es drängt mich, meine Zuneigung
auszudrücken. Es berauscht mich,
zu überraschen. Die ich liebe, möchte ich
schmücken mit einem Sternalesregen
der Bewunderung.

Dieser Drang aus dem Eros wurde mir
immer zum Drang zu gestalten.
Eros inspiriert mich zum Tun,
nicht zum Genießen. Dies mir
verwehrt, schmerzt.

Nixe

65

Wolkenloser Sonnensonntag

Ein wolkenloser Sonnensonntag. Welche Bläue der Himmel, welcher Glanz der See, mit Segeln bestückt. Ich sitze im Atelier und es ist still, mittagsstill, und es tut sich, da ich male, stundenlang nichts, als daß Fliegen summen, dann und wann Hühnergegurr anhebt, Spatzen vom Nußgebüsch zur Hecke des Nachbarn hin- und herschwirren, aufgeschreckt von etwas, das nur sie vernehmen.
Ich pinsle vor mich hin, vergnügt, nichts könnte mich vom Tisch locken. Schön ist es draußen, ein Licht so freudig, wie nur der September es bescheren kann; und fast heiß. Die Schafe stehen im Schatten und schnauben, und selbst die Hennen mögen nicht herumlaufen, sie hocken im Sandbad oder im Schafstall herum.

2. September 1984

Nixe

Kunst ist sich selbst genug

In Interviews mit Künstlern kommt es immer wieder zu Fragen nach der Absicht, etwa: Was wollen Sie erreichen, welche Wirkung möchten Sie erzielen, welche Reaktionen erwarten Sie, was wollen Sie bezwecken?
Auf solche gedankenlosen Fragen antwortet so mancher Künstler unbedacht: Ich möchte Denkanstöße geben, möchte schockieren, möchte das Bewußtsein verändern, möchte auf unhaltbare Zustände aufmerksam machen, gegen Vorurteile ankämpfen und was dergleichen Antworten mehr sind.
Sie geben also insofern dem Frager recht, daß sie eine Absicht haben. Aber ist das richtig?
Dann wäre Kunst nicht weit von Aufklärung und Propaganda. Dann ließe sich der Künstler in Dienst nehmen, mit seinen Mitteln – ästhetischen oder antiästhetischen – für eine Sache einzutreten.
Aber ist das so? Macht er sich etwas zum Anliegen, überlegt er nach strategischen Gesichtspunkten, wie er es formuliert, um dann mit dem richtigen Einsatz der Mittel seinen Zweck zu erreichen?
Das wäre, was der Propagandist macht oder der eine raffinierte Reklame sich ausklügelt.
So kann es nicht sein.
In erster Linie bildet der Künstler nicht auf eine Absicht hin, sondern nach dem, was die Kunst selber ihm abverlangt. Es folgt eigenen Gesetzen, ist nach innen, nicht nach außen ausgerichtet. Das Werk muß in sich und für sich richtig sein, muß für sich und nicht für anderes sprechen.

Ein Anliegen mag den Künstler bewegen, aber das Ziel ist sein Werk, nicht sein Werk Mittel zu einem Zweck. Das weiß er sehr wohl, denn sonst ließe er sich in Dienst nehmen, einen politischen etwa; und genau das will und kann er nicht, ohne die Kunst zu verraten. Bilder sind mehr als Plakate, Dichtung ist mehr als Appell. Dichtung spricht aus sich und für sich, unbekümmert darum, ob sie brauchbar ist oder nicht.
Daß Kunst Wirkung haben kann, mag sein; aber diese liegt nicht in ihrer Absicht.

Was also könnte der Künstler antworten? Etwa: Mein Bestreben war, etwas Gutes zu schaffen, das in sich richtig ist; etwas zum Ausdruck zu bringen, das für mich und für andere ein Problem ist, einen quält oder freut. Einen neuen Weg beschreiten, den noch keiner gegangen ist; etwas formulieren und sichtbar machen, was bisher keiner sagen konnte. Und dergleichen.
Oder: Ich gebe einem inneren Drang nach, folge einer inneren Stimme, fröne einem Gestaltungs- oder Zerstörungstrieb.
Oder, wenn einer illusions- und ideallos ist, wird er antworten: aus Ruhmsucht, aus krankhaftem Geltungsdrang, aus Lust, mich zu prostituieren, oder in der vagen Hoffnung, Geld zu machen.
Das wäre immerhin ehrlicher als alle jene Absichtserklärungen, in denen er sich missionarisch gibt.

Kunst entzieht sich der Brauchbarkeit. Das ist ihr Vorrecht.
Sie ist nicht Mittel zum Zweck, sondern sich selbst genug.

2. August 1984

Wolkenloser Sonnensonntag

Ein wolkenloser Sonnensonntag. Welche Bläue der Himmel, welcher Glanz der See, mit Segeln bestückt. Ich sitze im Atelier und es ist still, mittagsstill, und es tut sich, da ich male, stundenlang nichts, als daß Fliegen summen, dann und wann Hühnergurr anhebt, Spatzen vom Nußgebüsch zur Hecke des Nachbarn hin- und herschwirren, aufgeschreckt von etwas, das nur sie vernehmen.
Ich pinsle vor mich hin, vergnügt, nichts könnte mich vom Tisch locken. Schön ist es draußen, ein Licht so freudig, wie nur der September es bescheren kann; und fast heiß. Die Schafe stehen im Schatten und schnauben, und selbst die Hennen mögen nicht herumlaufen, sie hocken im Sandbad oder im Schafstall herum.

2. September 1984

Steil zum See

Meine Schafe

Gestern nacht nach dem Malen, ich hatte das Licht gelöscht, die Tür verschlossen, schaute ich in die Schwärze, wo die beiden Schafe stehen mußten, die mir mit kurzem Blöken Zeichen gaben.
Langsam paßte sich mein Auge der Nacht an. Die Schafe unterm Zwetschgenbaum (wo der Hang zur Mauer kommt, an der ich stehe wie an einer Brüstung, so daß ich nach oben schauen muß) erblühten langsam, nahmen Konturen an, das Vlies wurde heller, die Köpfe kalkig: wie Urtiere hoben sie sich ab vom schwarzen Gitter der Bäume, und der Himmel wurde heller, der Nebelhimmel errötete mehr und mehr zum Dorf hin, das im Grund liegt und dessen Lichter nicht sichtbar waren und nur den Nebeldunst mit diesem zarten Graurosa erfüllten; eine Sanftmut an Helle, deren Schönheit verstärkt wurde durch die mächtigen Bäume mit ihrem vielfachen Geäst. Eine lebendige Zeichnung, eindringlicher und näher als am Tage. Die Schafe vor mir standen wie Statuen, voll in der Wolle, und ihre Konturen so kompakt und wesentlich. Ich schaute verwundert.

9. Dezember 1984

Schaf in der Nacht

Traumbild

Nacht voller Träume. Auf Holztüren hatte ich zu malen, nicht Kunst, sondern so etwas wie die Tageszeiten. Während des Traumes wiederholte ich mir meine Aufgabe, um sie nicht beim Erwachen zu vergessen. Aber ich habe sie vergessen, mit Ausnahme eines Bildes, das merkwürdig genug war, mich sehr zu beeindrucken. Eine Landschaft mit Himmel, blaugrünem Bergzug jenseits des Sees und diesseits eine Wiese – sehr zart alles und harmonisch. Im Vordergrund stand auf der Wiese eine Konzertharfe mit golden braunem Rahmen, so groß, daß sie das Bild einnahm. Hinter den Saiten lag die Landschaft – fast unwirklich; die Saiten machten sie tiefer und sanfter und fingen sie zugleich ein.
In den Saiten aber, gleichsam von ihnen durchzogen, hing, die Flügel leicht gespreizt, tot eine Krähe.

2. März 1985

Rabenkrächzen

Je weiter er entfernt ist, der hohe Berg in seinem Schneeglanz, desto kleiner sieht es aus. Die Hügel, die dumpfen im satten Grün, gebärden sich so wichtigtuerisch und machen einander den Rang streitig. Was kümmert's den Berg, den hohen, so fern und dem Himmel so nah.

Winter hinterm Hohentwiel

Spiegelbild

Diese sanften Tage.
An den Vormittagen ist der See wind- und wellenlos. Der gegenüberliegende Bergrücken spiegelt sich makellos darin: das junge Grün der Wiesen, die Pappeln und Weidenbäume am Ufer, die Wälder wie ein braunes Gewölk mit einem Hauch zum Hellen. Das Spiegelbild wiederholt und vertieft zugleich.
Spiegelbild: Nicht nur ein Echo: In den See vertieft, erhält die Schwere des Landes etwas Schwebendes, eine Fülle, die etwas Entrücktes an sich hat. Wie es malen, ohne daß es falsch wird?

5. April 1985

Ufer gegenüber

Beata Visio

Kurz vor dem Aufstehen, noch traumtrunken, erbat ich mir ein neues Bild. Und es erschien, kometenhaft kurz. Ich konnte es mir in seinem Wesen merken. Ein Winterbild in Kobaltblau und Weiß – ein weißer Bergzug, gleichsam als Diagonale von links unten nach rechts oben ziehend, nicht ohne Schwingung und Abgründe, als stünde man dahinter und schaute über den Kamm hinab auf den See und sähe auch oben die Hänge, die seewärts hinabfallen. Und das linke Dreieck nichts als Blau, Seeblau und Himmelblau eins.

Wie mich das beglückt. Mir ist's eine beata visio. Als seien Weiß und Kobaltblau die Farben meiner Seligkeit. Es ist nicht das Weiß bloß, irgendein Weiß und ein Blau bloß. Es ist das helle, aus Abgründen heraufblauende Kobalt, vor dem das Weiß zu blühen beginnt und zum bräutlichen Weiß einer Verheißung wird. Und schließe ich die Augen, kommt mir nicht ein abstraktes Weiß in den Sinn, sondern ein lebendiges: des Schwanes gefiedertes, glattes oder aufrauschendes Weiß; das wächserne weißer Tulpen, die in der Vase sich schwunghaft recken. Und aus der Tiefe das Weiß der Erstkommunion, dieses von Erwartung und kindlicher Gläubigkeit gesegnete Weiß. Es duftet nach Hyazinthen und Liturgie, es hat die Keuschheit des Schnees und die Reinheit des Ostermorgens; es klingt mir entgegen im Latein des Evangeliums: Et valde mane una sabbatorum, veniunt ad monumentum, orto jam sole (Am frühen Morgen des ersten Wochentages, als eben die Sonne aufging, kommen sie zum Grabe) – und ich sehe im Grün weiße Blüten und höre: Et introeuntes in monumentum viderunt juvenem sedentem in dextris coopertum stola candida, et obstupuerunt. (Sie gingen nun ins Grab hinein. Da sahen sie zur Rechten einen Jüngling sitzen, angetan mit einem weißen Gewande.)

Seerücken

Aber noch klingender, von blitzhaft schöner Helle war mir der Anfang des Evangeliums in der Osternacht, ich sang es Jahr um Jahr im Chor. Jedes Wortes Silbe mit seiner Note vereint, so hatte ich die Botschaft im Herzen, im Ohr:
Vespere autem sabbati, quae lucescit in prima sabbati, venit Maria Magdalena et altera Maria ...
(Als vorüber der Sabbat, als das Licht des ersten Tages nach dem Sabbat heraufkam, da gingen Maria Magdalena und die andere Maria, um nach dem Grabe zu sehen.)

Und dann der Engel, der vom Himmel herabstieg:
Erat autem aspectus ejus sicut fulgur:
et vestimentum ejus sicut nix.
(Er war anzusehen wie der Blitz, und sein Gewand war weiß wie der Schnee.)

Da öffnet sich mir die Mystik des Weiß.
Wie sehr dieses Weiß seine Verklärung bereits auf dem Berg Tabor bekommen hat! Es ist jenes Evangelium, das meine Sehnsucht nährt und beflügelt.
,,Da verwandelte sich sein Aussehen vor ihnen. Sein Angesicht leuchtete wie die Sonne, seine Kleider wurden weiß wie das Licht.''

Diese Tabor-Verklärung hat mich immer ergriffen. Tabor ist die Formel für das, was ich suche – und gleich dabei der aussichtslose Versuch, Hütten zu bauen: Hütten für die Liebe, Hütten für das Schöne, das Entzücken und die Zärtlichkeit, als ließe sich, wo Heiliges uns streift, es festhalten für immer.
Vielleicht ist, wenn ich male, der Wunsch stark, Hütten zu bauen. Hütten ihm, dem Vorübergehenden, dessen Angesicht leuchtet wie die Sonne und dessen Kleider weiß sind wie das Licht.

29. Juni 1985

Winter über Mammern

Platanen

Die ,,Platanen'' habe ich heute signiert. Ist das Bild fertig?
Das Kopfsteinpflaster endet hinten im Leeren. Hätte ich da Häuser hinsetzen sollen, die Ausläufer einer Stadt? Das wäre möglich, aber wozu? Das Bild gewänne damit nichts. Was es zeigen will, zeigt es auch so. Mag sein, daß ein Betrachter nun rätselt, wieso der Platz hinten plötzlich endet, als wär's ein Horizont. Aber diese Frage mag ich nicht lösen. Es mag so bleiben: offen und kühl. Mir gefällt diese Leere, diese voranschreitende Leere. Sie läßt ahnen, wie nackt die Bäume dastehen, sobald alle Zweige und Ruten weggesägt sind.
Aber das ist eine Sehweise, die ich beim Malen nicht gehabt habe. Sie drängt sich im Nachhinein auf.

13. September 1985

Platanen

Schleiereule

Das Zinnobergrün mit Lampenschwarz für die Bäume erweist sich als günstig. Die Äste vor dem Nachthimmel bewegen sich in gespenstischer Vielfalt. So kommt Lebendigkeit in die Stille. Noch sind nicht alle Zweigverästelungen gemalt. Aber es zeigt sich leicht an, wo sie fehlen. Gut, daß ich unbekümmert, teils das Bild quergelegt, teils auch auf dem Kopf, die Zweigpartien gemalt habe. So ist Regelmäßigkeit vermieden, es gibt dichtere und offene Stellen in schöner Willkür, und das macht den Reiz aus.
Das Gefieder der Eule muß flaumiger werden, ich werde noch einige Schichten mit Weiß darüberstricheln und die Abtönungen ins Grau oder Blaugrau beachten.
Von unten her, in den See hinein, schwarze Gebüsche – das steigert das Licht auf dem Wasser ins Magische

9. Oktober 1985

Schleiereule

Föhn

Seit gestern Föhn. Er ist mit den Regenwolken hereingebrochen. Ein milder Regen die ganze Nacht durch. Wie jetzt der Wind das Land durchfegt. Immer wieder reißt er die Wolken auf. Blanke Bläue im Wechsel von Wolkenwänden. Die Sonne schießt ihr Licht dahin, dorthin, hebt leuchtend hervor, was im Nu sich wieder verdunkelt. Ich bin hinausgestürzt in ein Schauspiel. Die Wälder über dem See, einem Blendwerk aus Silber, blühen vom Braun ins Rot, vom Grün ins Gelb, Kuppen und Tobel werden plastisch. Die Wege dazwischen wie silberne Bäche, die dahinschießen. Mit dem Fernglas hole ich mir die klare Ferne noch näher.

Eine Krähe im Wind, zwischen Hüben und Drüben im aufgerissenen Raum voll Helligkeit, kämpft sich voran. Ihre Konturen sind klar, wie gemalt, fast silbern die Ränder. Andere Krähen stehen im Acker. Und mir fällt auf, daß viele Krähen hier allum zu sehen sind, Krähen in Scharen.
Die Wälder – eine flammende Offenbarung. Alles gesteigert, dramatisch.

5. November 1985

*Ein Tännlein
grünet wo*

Nachtbild

Das Nachtbild hat seinen Waldkauz.
Er sitzt auf dem unteren Ast des äußeren Baumes ganz links und ist doch Mittelpunkt: von ihm breitet sich die Landschaft aus, geht in die Tiefe des nachtblauen Sees rechts unten, in die Höhe des nachtblauen Himmels rechts oben, in den auch die Äste der Bäume sich verzweigen.
Und jetzt, wo ich das Bild auf die Längsseite gelegt habe, fällt mir auch auf, wie das Käuzchen ein schönes Gegengewicht ist zu den Bergzügen am Ufer gegenüber, auf gleicher Höhe. Eine Komposition, die nicht bedacht war und sich im Nachhinein als richtig herausstellt. Ich bin's zufrieden. Mein Instinkt hat's getroffen, mit nachtwandlerischer Sicherheit. Das läßt sich nicht erklügeln, das ist geschenkt.

15. Februar 1986

Waldkauz

Winter überm See:
ich belebe mein Bild mit Stille.

Aus der Schwermut heraus
malt sich's leicht.

Winters Traum

Gleichmut

Es schneit von der Nacht in den Tag und stillbeständig vom Tag in die Nacht. Ein feiner Schnee, der herabrieselt. Das Ohr nimmt dieses Rieseln wahr. Die Stille wächst. Unterm Apfelbaum stehen die beiden Schafe beisammen, unbeweglich, sie wenden kaum den Kopf, da ich komme, stehen da, ganz Ohr, in wachem Gleichmut. In Macht herangewachsen ist ihnen das Vlies, das lassen sie vollschneien, es berührt sie nicht.
Sie stehen wie Statuen da. Mag sein, daß das eine zu kauen beginnt und vor sich hin daibt in Ergebenheit – gleich einer Alten, die den Rosenkranz betet.
Jetzt haben sie den Platz gewechselt und stehen unter dem alten Birnbaum, einem schwarzgrünen Gewölk, so durchwachsen ist er vom Efeu in den letzten zwanzig Jahren. Ich kann mir vorstellen, wie melodisch das Schneegeriesel unter diesem Efeupulk ist. Das Abendgeläut wallt den Hang herauf, Amseln tacken für eine Weile hinterm Stall, der Tag verdämmert, ein Flugzeug gewittert auf und verhallt, es ist die Zeit, da der Zug von Mammern herüberpfeift, im Stall rumort es, bis jedes Huhn seinen Platz auf der Stange ergattert hat – und meine beiden Schafe stehen reglos beisammen, nur die Ohren lauschen bewegt.

22. Februar 1986

Elster im Wintergrau

Gekonnt, nicht gekünstelt

Ich sah mir eine Ausstellung an, wie immer in Erwartung, etwas Eigenwilliges, Eigenständiges zu entdecken oder eine Anregung zu finden. Da mußte ich an die Winter meiner Knabenjahre denken, da alles sich auf dem zugefrorenen See tummelte und auf den Schlittschuhen seine Künste erprobte. Die Attraktion war jedesmal der Schlittschuh-Maier, der hatte, wie auch seine Frau und seine Tochter, Kunstschlittschuhe, die nach oben gebogen waren in schöner Rundung und an den Stiefeln festgeschraubt. Er war schon von Neugierigen umstanden, wenn er sich die Stiefel anzog und mit Bedacht die langen Schuhbändel kreuzweise durch die Ösen schob und verknotete. Welche Vorbereitung! Und aller Augen folgten ihm, der erst mit kurzen, dann langausholenden Bewegungen hinausfuhr an seinen Platz, den ihm keiner streitig zu machen wagte. Dort hatten seine Kufen schon seit Tagen im Eis das Zeichen seiner Übungen eingefurcht: einen weiten Achter. Und da setzte er wieder an. Mit einem kräftigen Ruck nahm er seine Bahn, zog auf einem Fuß den Kreis, derweil er den andern schön vornüber setzte, um dann mit ihm den zweiten Kreis zu umlaufen – das alles sehr ruhig und gemessen, wobei er sichtlich bemüht war, nicht aus dem Rhythmus zu kommen und seiner Haltung etwas von der Eleganz eines Tänzers zu geben. Dann konnte es geschehen, daß er seine Tochter an die Hand nahm, und beide mit ausgestreckten Armen, er rückwärts, sie vorwärts, fuhren nun ihre Achterbahn, streckten das eine Bein fast waagrecht in die Luft, wechselten dann, sobald der Kreis gezogen, auf das andere. Und die Leute standen darum und bewunderten ihre Kunst. Manchmal fuhren sie nebeneinander und hielten sich mit gekreuzten Armen, bildeten eine Waage mit vorgestrecktem Kopf und nach hinten ausgestrecktem Bein. Und in dieser Haltung blieben sie, bis der Schwung ausgelaufen war, und sie setzten erst mit dem anderen Fuß auf, wenn jeder Zuschauer meinte, jetzt müßten sie umfallen.

Auf dem Eis

Wir Buben hatten für solche Kunst nicht nur Bewunderung übrig, es amüsierte uns auch: Wir begannen alles mehr nachzuäffen als nachzuahmen, streckten beide Arme aus, bogen den Körper nach vorn zu einer Waage, und es sah aus wie ein Flieger. Oder wir setzten schön ein Bein vor das andere, reckten die Arme nach oben wie eine Tänzerin und verulkten mit gemachter Zierlichkeit derlei Kunststücke, die gar nicht unserer Natur entsprachen, zurecht, wie mir im Nachhinein vorkommt. Denn die vorgeführte Eiskunst war ja nicht mehr als die erste Einübung, eine Art Tonleiter zum richtigen Eistanz, mehr nicht.

Unser Respekt und unsere heimliche Bewunderung galt anderen, den Reichenauer Eismeistern, die unter ihren festen Stiefeln „Schühli" hatten: lange Kufen in einem Holzbett, mit Lederriemen an die Sohle gebunden.
So ein Eismeister war ein verwegener Einzelgänger. Wenn der loszog mit vorgeneigtem Körper, die beiden Hände am Rücken und den Stock, mit dem er die Festigkeit des Eises prüfte, festhaltend; wenn der in ruhigen Zügen weit ausgreifend und sein ganzes Gewicht auf den fahrenden Schlittschuh verlagernd loszog, da konnte ihm keiner mehr folgen, auch wenn wir noch so heftig mit den Armen hinter ihm dreinruderten und im hastigen Wechsel seinem Gleichmaß beizukommen suchten. Er hatte seine Ruhe weg, sein Schlittschuhlaufen war wie ein großes Atemholen, keine Kunst, aber gekonnt, keine Ziererei, sondern von einem staunenswert sicheren Takt, mit dem er gleichsam ohne Anstrengung weite Strecken hinter sich brachte, derweil uns bald der Schnaufer ausging.

An diesen Schlittschuh-Maier mit seinen Kunstübungen mußte ich denken, als ich die Bilder der Laienmaler gesehen hatte und sie mit der bewundernswerten Natürlichkeit der Reichenauer Eismeister verglich.

31. März 1986

Einsame Möwe

An Tagen des Vollmonds

Woher, dachte ich, plötzlich dieser Einfall an Bildern, als sähe ich jetzt erst, was mich seit Wochen umgibt:
Wie die weiße Pute ihre fünf Kücken betuttelt und, sobald ich zu nahe komme, aufgeregt ihr Gefieder spreizt und die Schwanzfedern zu einem Fächer ausbreitet; wie in der Ecke des Futtergangs die Glucke, eine goldbraune Orpington, hockt und ihre Kücken bemuttert, die unter ihrem Gefieder hervorgucken oder hervorschlüpfen, goldgelbe Federbällchen, derweil sie wie starr nach mir äugt; wie der Gockel, ein prächtiger Orpington-Hahn, die Hennenschar auf der Wiese überwacht, und wie der Bronze-Puter aufgebläht und mit vollem Rad dasteht und sich wendet, bald hierhin, bald dorthin kehrt. Das kenne ich doch, es ist mir alltäglich, aber jetzt erst überkommt mich der Drang, es zu malen. Und ich packe es an, setze ins Bild mit breitem Pinsel und merke alsbald: Es sitzt.

Abends weiß ich, woher dieser Einfall an Bildern: Es ist Vollmond. Immer bei Vollmond überkommt es mich, da purzeln die Bilder hervor, und ich darf mich nicht lang bedenken, muß fassen, was die Flut heranträgt, zu tun ist in den langen Tagen danach genügend, bis Bild um Bild ausgeführt ist.

25. Mai 1986

Steg
Der

"Das ist eine Bierflasche", sagte ich, sagte es wie befreit, daß mir rechtzeitig eine solche Ausrede eingefallen war.
Aber in den Augen meiner Mutter stand der Zweifel. "Ja, der Mann hat ein Bierflasche in der Hand", sagte ich, und mir kam immer mehr vor, daß es eine Bierflasche sein mußte, was ich da gezeichnet hatte. Eine Bierflasche und nichts anderes, davon war ich jetzt selber überzeugt.
Aber nicht meine Mutter. Und zum erstenmal brachte sie einen Ausdruck, den sie später immer wieder gebrauchte, wenn sie den Eindruck hatte, daß ich es mit der Wahrheit nicht so genau nahm:
"Du sollst nicht beschönigen!"
Beschönigen, dieses Wort war mir fremd. Und doch verstand ich es als eine Mahnung, nicht zu lügen. Das Blatt mit der Zeichnung hat meine Mutter danach zerrissen, ohne daß ich protestierte. Das war mein Eingeständnis.

29. Mai 1986

Zwei und ein Drachen

Ich sehe wie ich sehe

Ich stehe am Fenster und schaue auf den weißblühenden Jasmin, schaue über den See zum anderen Ufer und den Seerücken hinauf zum Himmel und hinüber nach Klingenzell. Und: Ich sehe, wie ich am Fenster stehe und hinausschaue in den sonnenhellen Morgen, und ich merke wie ich schaue und fühle mich entlarvt. Wo immer ich stehe und schaue, überlasse ich mich der Augenlust, die Farben und Formen auskostet, Umrisse und Strukturen wahrnimmt, Licht und Schatten abwägt. Kaum daß ich mir dessen bewußt bin, fange ich an, was immer ich auch vor Augen habe, zu vermessen, es in einen eingebildeten Rahmen zu fügen und zu einem Bild zu arrangieren. Wie zwanghaft tue ich dies, wie von einem Instinkt getrieben. Als könnte ich nicht anders, so ausschließlich schaue ich, so alles andere ausschließend, so einseitig und auf das Bildhafte fixiert. Wie anders, denke ich, schaut der Geologe, der in der Struktur der Landschaft bau- und erdgeschichtliche Bewegungen erkennt; wie anders der Biologe, der Arten und Wachstum von Pflanzen und Bäumen erfaßt; wie anders der Fischer, der nach dem Wetter Ausschau hält; wie anders der Holzhändler, der beim Blick in den Wald sogleich Gewinn und Verlust berechnet, zwanghaft und einseitig, wie auch der Jagdpächter seinen besonderen, ausschließlichen Blick hat für Wechsel und Unterschlupf der Tiere, die er schützen will, um sie dann zu jagen.

Ich sehe, das muß ich mir eingestehen, ebenso einseitig, nur weniger bewußt, mit weniger Wissen, mehr dem Reiz verfallen: ich sinne gewissermaßen der Höhenlinie eines Berges nach, aber von Geologie verstehe ich so gut wie nichts.
Und ich beneide sie alle, die sehend erkennen, und ich beneide die, die sich selber genießen, wenn sie im See baden oder durch die Wälder spazieren und nichts anderes empfinden als ihr Glück bei Bewegung und Ruhe.
Da stehe ich, um alles in ein Bild zu bringen. Gehe ich nicht zu oft einfach leer aus?

25. Juni 1986

Dicht am Rheinfall

Winter

Viel Schnee ist geschmolzen über Nacht. In Flecken liegt er auf der Wiese, gehäuft, wo ich vor Tagen gebahnt habe. Alle Hühner sind ausgeschwärmt, sie scharren das naßschwarze Laub unterm Birnbaum auf, tun ganz geschäftig, wie selbstvergessen. Die beiden Gänse beißen in die Äpfel, die herumliegen; die drei Truthähne mit aufgeschlagenem Rad stolzieren einher. Der Gockel paßt auf und äugt nach den Krähen im Apfelbaumhag jenseits des Gatters. Hellhörig ist's, auf der Schweizer Seite brummt ein Lastwagen die Straße hinan, der Zug pfeift, die Elfuhrglocke von Mammern läutet herüber, ich stehe unter den Hühnern und eins der Schafe steht neben mir und reibt die Nase an meinem Ärmel.

Und dann gehe ich ins Atelier, Terpentinduft weht mich an, oh der süßliche Terpentinduft, der mich einnimmt und in mir Mallust weckt.

29. Dezember 1986

Holzfäller

Nichts bereden

Hinterher bekomme ich es zu spüren, auch wenn ich's nicht wahrhaben will: Es tut nicht gut, wenn ich mit Leuten, und sei es mit Freunden, über meine Bilder rede, die halbfertig im Atelier stehen. Was ist es, was mich verführt, ihnen zu zeigen, woran ich gerade arbeite? Bin ich der Verliebte, der sein Glück nicht im Schweigen lassen kann, sondern gedrängt ist, von seiner Schönen zu reden, sie zu beschreiben, die Vorzüge der Abwesenden zu rühmen, ja sie zu verteidigen? Ist's nicht ein Verrat ans Unverständnis, das wachsen muß, je mehr er sich ereifert? Und nichts stimmt mehr hinterher: Das Gesagte ist nicht das gleiche wie das Erahnte, in dem noch so vieles möglich ist an Überraschung.

Also, was ist es, daß es nicht gut ist, wenn ich den Leuten beschreibe, wie ein angefangenes Bild vielleicht einmal aussehen wird? Denn so, wie es jetzt dasteht, ist es jämmerlich; so halbfertig sieht es aus, als müsse es verteidigt werden – als müsse ich mich verteidigen und rechtfertigen, daß ich es schon noch schaffe, man möge Nachsicht haben; aber das werde sich bessern, vieles sei noch zu tun, hier die Bäume seien dichter zu malen, da die Farbe sei zu verstärken...

Im Gesicht des Betrachters sehe ich die Ratlosigkeit wachsen, sein Stummsein kommt mir als Ablehnung vor, und zugleich fürchte ich, er könnte etwas äußern, gleich was auch immer, es wird, das weiß ich, unpassend sein; aber auch daß er nichts sagt, ist wie eine Verweigerung.

Ich komme mir vor wie einer, der etwas, das noch gar nicht existiert, der Bewunderung freigibt. Und hinterher ist mir, als habe ich mein Bild mundtot gemacht. Es soll halten, was ich ihm eingeredet habe. Als habe es nichts mehr selber zu sagen, selber zu bestimmen. Als sei es ein Patient, an dem es zu kurieren gilt, bis er auf die Beine kommt und man ihn endlich entlassen kann.

2. März 1987

Flurprozession

Bei klarer Sicht

Der Himmel ein gleiches Grau, ein Unisono von Grau, trotz des Föhnwindes, der ins Land fällt. Ich fahre auf der Schweizer Seite von Stein nach Konstanz. Die Sicht ist klar, die Luft wie durchsichtig. Alle Farben von Braun überziehen die Höri: Braun der Äcker, das hellere Braun der Wiesen, das Braun der Wälder – eine stille, doch reiche Palette.

Wie schön die Häuser am Weg sich zeigen. Ihre Konturen sind klar gezeichnet, das Grau der Holzwände von gedämpftem Silber, ich möchte anhalten und nur schauen. Mir kommt vor, als zeige sich mir Bild um Bild.

3. April 1987

Vor dem Frühling

Im Gegenlicht

Kürzlich auf der Fahrt nach Engen in den Abend: Gegen den hellen, helleuchtenden Himmel türmte sich der Hohenkrähen auf, so dunkel, daß fast kein Baum an seinem Körper auszumachen war. Nur die Ränder hoch waren sie zu sehen, vielästig, als wundervoll durchzweigter Saum; und an der Krone natürlich, wo auch die Ruinen sich hervorhoben. Wie bei einem Scherenschnitt so scharf und deutlich.

Vorher war's ähnlich beim Hohentwiel. Und beim Vorbeifahren beschäftigte sich meine Fantasie damit, den einen oder anderen Berg einmal so zu malen – als dunkler stiller Aufruhr gegen das helle, fast unwirklich helleuchtende Abendhimmellicht.

4. April 1987

Stauwehr unterm Hohentwiel

Mein Guller

Mein Truthahn, mein Guller, diese Majestät in seiner kupfernen Pracht, ist hin! Heute morgen lagen überall Federn zerstreut. Am unteren Hang am Zaun lag er feucht und verstrubbt, ohne Kopf, und auch das Hinterteil herausgebissen. War's ein Fuchs, ein Marder? Wir hatten in der Nacht nichts gehört, nicht den Alarm eines Schreis, nichts von Lärm.
Zwei Jahre lang war er der Stolz unterm Federvieh, wachte und gullerte empört, wenn etwas seinem Ordnungsblick nicht paßte. Radschlagend und wie aufgedampft zog er, mit gespreizten Flügeln, seine Kreise, und es rauschte, wenn er die harten Federn am Boden entlangschliff. Seine Brust war Ausdruck der Mächtigkeit und die Federn hatten Glanz: Sie schimmerten changierend ins Grünliche, Bläuliche, und es blinkerte gold-kupfern hervor. Die vielen Wülste an Kopf und Hals waren abschreckend und von imponierender Schönheit, wenn sie mal rot aufquollen, mal blau erstarrten.

Ich habe ihn einst gemalt. Aber was heißt schon gemalt angesichts der Stärke, die er verkörpert hat, angesichts der Kraft, die bis in den Federspitzen drangvoll saß, wenn er aufgeplustert und schrittweise sich vorangestoßen hat.
Nun ist er hin, dieser Stolz, dieser Herr und Aufpasser mit den klugen, umsichtigen Augen, mit denen er jeden Vogel hoch am Himmel eräugt hat, jedes Flugzeug und alles, was gefährlich werden konnte, und vor dem er sogleich alarmiert hat mit heiser kollernden Kaskaden.

5. April 1987

Guller

Ich suche nicht mich selbst, sondern
gebe mich einer Aufgabe hin, und das
bisweilen ganz selbstvergessen.
Die Aufgabe stellt sich mir – nicht von
außen, sondern von innen. Von einem
Drang beseelt, einer Sehnsucht getrieben
male ich.
Nicht um mich zu erfahren, oder wie
Psychologen das nennen mögen,
sondern um ein Bild auszutragen.
Wie eine Mutter ihr Kind; und
obgleich Teil von ihr, denkt sie nicht
an sich, sondern an das Kind.

Biographische Daten

1931   *am 1. Juli in Rielasingen im Hegau geboren*
Jugendjahre in Radolfzell
Besuch des Gymnasiums in Konstanz
Eidgenössische Maturität Stiftsschule Engelberg/Schweiz
Studium an den Universitäten Freiburg und München
Assistent für Deutsch in Rouen

1954   *Erste Mundartgedichte während des Wintersemesters in München*

1955   *Erste Ölbilder*

1959   *Staatsexamen in Deutsch, Geschichte und Französisch*
seither Lehrer am Gmnasium

1960   *Heirat*

seit 1965   *Ausstellungen*

1967   *Erster Gedichtband in alemannischer Mundart „Dinne und dusse"*

1972   *Gymnasialprofessor in Radolfzell*

1973   *Epple-Ausstellung mit 15 000 Besuchern im*
Museum für Moderne Kunst (MAM) in Rio de Janeiro
2. Preis beim Wettbewerb europäischer naiver Maler in der Schweiz
Aufnahme in die „Groupe Henri Rousseau"

1977   *Prix d'Honneur des „prix suisse de peinture naive internationale"*

1979   *„reit ritterle reit", Gedichte in der Mundart vom Bodensee*

1980   *Drei Bände „Wosches" — vergnügliche Lektionen zur alemannischen Mundart*
(1980-1983)

1982   *Uraufführung „Ein Konstanzer Totentanz" im Stadttheater Konstanz*

1985   *Prix Henri Rousseau des „prix suisse de peinture naive internationale"*

1986   *„Ein Clown läuft ins Bild", eine Erzählung, mit Bildern*

Zahlreiche Veröffentlichungen von und über Bruno Epple, außer Lyrik auch Prosa in hochdeutsch, zahlreiche Ausstellungen im In- und Ausland.
Bruno Epple lebt in Wangen am Untersee

Bildregister

Titelbild:

Mammern am See, 1976
(Ausschnitt)
Öl auf Leinwand, 55 × 45 cm

9 Blick auf Mammern, 1970
Öl auf Leinwand, 60 × 50 cm

11 Umduftet von Blumen, 1983
Öl auf Preßplatte, 30 × 24 cm

13 Anglers Geduld, 1983
Öl auf Preßplatte, 21 × 21 cm

17 Bukolische Höri, 1977
Öl auf Leinwand, 60 × 50 cm

19 Freudenfels, 1988
Öl auf Leinwand, 60 × 50 cm

21 Überm Nebel, 1985
Öl auf Leinwand, 80 × 65 cm

23 Schwan bei Nacht, 1975
Öl auf Leinwand, 60 × 50 cm

25 Blick über den See, 1983
Öl auf Leinwand, 60 × 50 cm

27 Hohenklingen, 1977
Öl auf Leinwand, 55 × 45 cm

29 Straßenteerer, 1982
Öl auf Preßplatte, 21 × 21 cm

31 Bodensee-Äpfel, 1986
Öl auf Preßplatte, 21 × 21 cm

33 Angler an der Mole, 1985
Öl auf Preßplatte, 21 × 21 cm

35 Blick aus dem Wald, 1986
Öl auf Preßplatte, 21 × 21 cm

37 Januartag am See, 1987
Öl auf Leinwand, 60 × 50 cm

39 Schau mal her, 1987
Öl auf Preßplatte, 21 × 21 cm

41 Meersburg, 1987
Öl auf Leinwand, 60 × 50 cm

43 Leda, 1984
Öl auf Leinwand, 60 × 50 cm

47 Katze im Baum, 1982
Öl auf Leinwand, 60 × 50 cm

51 Die Verlockung, 1987
Öl auf Leinwand, 60 × 50 cm

53 Die Schöne im Boot, 1973
Öl auf Leinwand, 60 × 50 cm

55 Frauenberg, 1984
Öl auf Leinwand, 60 × 50 cm

57 Waldweg, 1982
Öl auf Leinwand, 60 × 50 cm

59 Fischreiher, 1978
Öl auf Leinwand, 55 × 45 cm

61 Gelbe Birnen, 1985
Öl auf Preßplatte, 21 × 21 cm

65 Nixe, 1987
Öl auf Preßplatte, 21 × 21 cm

69 Steil zum See, 1986
Öl auf Leinwand, 55 × 45 cm

71 Schaf in der Nacht, 1986
Öl auf Preßplatte, 21 × 21 cm

73 Rabenkrächzen, 1982
Öl auf Leinwand, 60 × 50 cm

75 Winter hinterm Hohentwiel,
1987
Öl auf Leinwand, 60 × 50 cm

77 Ufer gegenüber, 1972
Öl auf Leinwand, 60 × 50 cm

79 Seerücken, 1985
Öl auf Leinwand, 55 × 45 cm

81 Winter über Mammern, 1972
Öl auf Leinwand, 60 × 50 cm

83 Platanen, 1985
Öl auf Leinwand, 55 × 45 cm

85 Schleiereule, 1985
Öl auf Leinwand, 55 × 45 cm

87 Ein Tännlein grünet wo, 1985
Öl auf Leinwand, 60 × 50 cm

89 Waldkauz, 1986
Öl auf Leinwand, 60 × 50 cm

91 *Winters Traum, 1983*
Öl auf Preßplatte, 21 × 21 cm

93 *Elster im Wintergrau, 1987*
Öl auf Preßplatte, 21 × 21 cm

95 *Auf dem Eis, 1983*
Öl auf Preßplatte, 21 × 21 cm

97 *Einsame Möwe, 1987*
Öl auf Preßplatte, 21 × 21 cm

99 *Der Gockel, 1986*
Öl auf Preßplatte, 30 × 24 cm

101 *Bad unterm Steg, 1980*
Öl auf Leinwand, 60 × 50 cm

103 *Zwei und ein Drachen, 1985*
Öl auf Preßplatte, 21 × 21 cm

105 *Dicht am Rheinfall, 1978*
Öl auf Leinwand, 55 × 45 cm

107 *Holzfäller, 1982*
Öl auf Preßplatte, 30 × 24 cm

109 *Flurprozession, 1982*
Öl auf Preßplatte, 21 × 21 cm

111 *Vor dem Frühling, 1979*
Öl auf Leinwand, 55 × 45 cm

113 *Stauwehr unterm Hohentwiel, 1979*
Öl auf Leinwand, 60 × 50 cm

115 *Guller, 1986*
Öl auf Leinwand, 60 × 50 cm

*In der Reihe „Das anspruchsvolle Geschenkbuch" sind bisher folgende
Bände erschienen:*

HEIMATLOB

André Ficus/Martin Walser

... ein bemerkenswertes Bodenseebuch, das dem Schönen verpflichtet bleibt, ohne zu beschönigen. Walser inszeniert ein ebenso virtuoses wie beziehungsreiches Wechselspiel zwischen knapper Poesie und dialektischer Prosa, zwischen belebter Geschichte und erlebter Gegenwart. Ficus bannt in 36 Aquarellen leichthändig das nach Jahreszeit wie Wetter rasch wechselnde Naturspiel in farbzarte, stimmungsstarke Bilder.

80 Seiten, Ganzleinen, DM 36,—

SEEWEGE

André Ficus

Seewege — das zweite Bodenseebuch des Malers André Ficus enthält 50 Aquarelle, die reizvolle Ansichten rund um den See festhalten. Ausgewählte Texte bekannter Autoren begleiten die Bilder des Künstlers — formuliert als individuelle Bekenntnisse zum Bodensee. Wer empfänglich ist für die Schönheit dieser Landschaft, dem hält dieses Buch einen kostbaren Spiegel eigener Empfindungen vor.

108 Seiten, Ganzleinen, DM 48,—